AF128752

J'Aime Ma Mémoire

ADSO

J'Aime Ma Mémoire

© 2016, Sandrine Adso

Edition : BoD - Books on Demand
12/14 rond-point des Champs Elysées, 75008 Paris
Impression : Books on Demand GmbH, Norderstedt, Allemagne
ISBN : 9782322076345
Dépôt légal : April 2016

Je n'oublie rien

Je garde en moi, le souvenir d'un éclat sur la mer
Je n'oublie rien, du vent et des rafales sur les terres.
Je sens encore le sable chaud sous mes pieds,
Et je redécouvre en moi, cette immensité,
Celle que j'ai connu en ouvrant mes yeux sur toi.
Je n'oublie rien, tu étais là.

Magnifique clarté, qui s'étend jusqu'à l'horizon
Tu m'as donnée de la lumière et des visions
D'infini et de réconciliation
Entre l'homme et le divin.

Je n'oublie rien de la naissance de ma force toujours fidèle,
Et mon âme entend les sons des vagues éternelles.
C'est une joie.
Que je garde en moi.

Avec cette mémoire,
J'oublie les matins sans espoir.
Et je galope dans une vie
Pleine de sursauts et d'envies.

J'oublie les sourires qui mentent,
J'oublie la douleur qui me hante,
Pourtant je conserve cette mémoire,

Telle une alchimie pleine d'histoires.

Qu'elles soient belles ou non ces histoires,
Elles sont miennes,
Et peut-être un jour tiennes.
Elles te parlent de mes victoires.
J'aime ma mémoire.

Peux-tu en partager
Certaines facettes,
Veux-tu m'aider à ordonner,
Les bruits des secrets ?

C'est à la fois la nuit et le soleil
Il était une fois un jour d'exception,
Qui s'était levé, tel un cadeau, sans raison.

Le ciel brillait pourtant parsemé d'étoiles,
C'était un matin, c'était un soir.
Et mes pensées levaient leurs voiles,
Sur le firmament qui t'appelle à voir,

Et la lune et le soleil,
Qui l'un et l'autre réveillent,
Le bonjour du soir,
Et l'éclat clair du miroir.

Alors entrent à la fois l'obscurité et la lumière,
Comme une union spontanée sans prières.
Réconciliation ultime et promise,
Qui offre un voyage sans valise ;

Autre que la nuit éclairée,
Pleine du jour espéré :
Un jour de silence universel,
Un jour où toutes les paroles sont belles.

Sans haine, ni violence…
Oui c'est possible,

Laisse au temps sa chance.
Oui c'est possible.

Même si c'est à la fois la nuit et le soleil,
Même si c'est à la fois le soleil et la nuit,
Tu peux percevoir l'éclat vermeil,
Les étoiles dans l'infini.

C'est ainsi que tu peux saisir
De la nuit, le désir.
Et le pouvoir de quitter les tourmentes,
Retrouver les champs de blé,
Les instants de lumière étonnante,
Que je te donne sans troubles matinées.

Et je grandis en même temps que toi,
Ce que je te donne n'est soumis à aucune loi.
Juste s'il en est de l'amour,
Qui naît avec le jour.

Aphrodite était bien l'ami d'Hélios,
Dans le matin clair jusqu'au soir profond,
Seul l'Amour donne cette force,
Qui va du silence au tourbillon.

Ainsi du jour à la nuit,

La vie est ici.
Hic et nunc !

Les anges

Ils ne font qu'offrir,
Ils vivent dans le monde du rire.
Ils protègent et veillent pour le maintien du monde,
Tous les matins à l'ouest des étoiles
Ils font la ronde
Et posent leur lumière sur la toile.

Les anges n'ont pas d'âge
Leur beauté signe la vie,
Et leurs sourires sont visages,
Et ils t'invitent à attendre la nuit,

Pour prier,
Et faire voler,
Les rêves.
Ils offrent le vent sur la grève.

Ils offrent la pluie sur la mer,
Ils dansent dans la clarté des rivières.
Souvent, on les entend chanter,
Et le soir frais, ils viennent te réchauffer.

Ils offrent le soleil dans les forêts,
Et dans les embrasures des baisers,
Autour des fleurs, ils tendent leurs promesses :

On ne peut dire qu'ils détiennent la sagesse ;

Ils portent en eux, la joie,
Ils donnent en nous, la foi.
On ne les voit pas,
Mais ils nous frôlent et écartent les dangers
Du chemin de l'hiver et de tous les étés.

Si tu les sens, remercie la création,
Si tu as peur, appelle les de leurs noms
Et ils viendront en cercle, former une défense.
Si tu crois aux anges, alors tu penses :
Que tu existes,
Et que tu subsistes.

La peur du froid

Il attaque sans se faire annoncer,
Sauf parfois par quelques frimas,
En laissant s'en aller l'été,
Sans crainte car renouveau, il y aura.

Mais au bord de l'âtre, le souffle sur le feu inquiète,
La moindre braise résistera-t'elle à la tempête ?
La flamme qui vacille m'est plus précieuse dans tes yeux,
Et j'ai besoin de tes lumières drapeau de mon pays et de ceux,
Que tu nourris pour nous,
Nous, nôtre amour et nous.

Si tu me laisses là, j'ai froid
Si tu me laisses là, j'ai peur.
C'est pourquoi, je dis : ne me quitte pas,
C'est pourquoi il y a toujours une issue vers le bonheur.

La peur du froid, c'est tendre la main à la lumière,
La peur de te perdre, se confond dans les prières.
J'ai peur de perdre ta chaleur,
J'ai peur de quitter la lueur.

Qui rassemble en harmonie, les différents moments de nôtre amour,
Le feu porte toutes les couleurs,

De la nuit et du jour.
Et glissent en devenir vers chaque nouvelle heure.

Plus que la peur du froid,
C'est la peur du temps qui va.
Alors je respire ta chaleur,
Et je sais qu'elle va avec ton coeur.

Je choisis de rester

Même si tu me chasses,
Même si tu me donnes la disgrâce,

Je choisis de rester,
Près de toi : car je t'ai reconnu.
J'ai entendu ton pas arriver,
J'ai couvert de baisers ton être nu.

Il est bon d'être dans cet endroit,
Là où les palmes se frôlent dans le vent,
A cet endroit, on y sent de la joie,
A cet endroit tout s'est arrêté : même le temps.

Alors pourquoi partirais-je ?
Là où nul vent, nul neige,
Ne viennent tourmenter,
Ni nuits, ni journées.

Ici l'air est plein de senteurs marines,
Et l'on peut même ressentir le soleil qui décline,
Son odeur sur les embruns, sur les brumes océanes,
Là, tous les êtres sont diaphanes.

C'est la transparence douce des anges,
Qui transforme l'amer en goût étrange.

Je choisis de rester sur cette asphalte,
Qui m'accueille depuis la joie et la hâlte.

Ici, il y a des nuits toutes bleues,
Et des montagnes au brasier silencieux.
Les lacs sont suspendus,
Au-dessus des vents et des nues.
L'air flotte, le vent caresse les courants,
Tout inspire à atteindre le firmament
Les étoiles brillent plus franchement,
Les éléments sont plus cléments.

Ici les chants sont silencieux,
De toutes rumeurs, de toutes injures
Seules les arpèges font leurs voeux,
Et tout conspire à la première nature.

C'est pourquoi, j'ai choisi de rester.

Il faudra bien

Il faudra bien, lui rendre un sourire,
il faudra bien se retourner avant de partir.
Surtout regarder ses yeux,
Comprendre tout sans avoeux.

Je saurai quoi lui dire,
Lui, il n'a jamais appris à mentir,
Alors pourquoi mentirais-je ?

De ce que je vois,
Je ne retiens que toi.
Il faudra bien que tu viennes,
Toi qui ne porte aucune haine.

Planter les Semaisons,
De l'Amour et des bonnes saisons.
Du frais matin,
De la lente pluie sur mes mains.

Il faudra bien, choisir cet instant,
Il sera clair, sans tourments.
Idéal instant, je te choisis
Il faudra bien que la Liberté reste ici !

Pour une fois, il faudra bien.

Alors écoute ta voix du matin.
Et tu verras, qu'il y a plein de moments à vivre…
Et ces moments, il faudra bien les vivre.

Pour savoir être heureux,
Pour cela, je te prête mes yeux.
Mais je t'offre mon coeur également,
Il faudra bien que tu restes en m'aimant…

Autant que je t'aime.

Le prochain partage

Se fera certainement un jour inconnu,
Avant d'être vrai, il est d'abord un rêve,
Mais il viendra, le jour venu :
Le rêve, sortira du rêve.

Il y aura celui au coeur vide
Et celui au coeur plein.
Il y aura la terre aride,
Et il y aura une terre pleine de tes mains.

Mon coeur te donne mes yeux et mon sourire
Dans l'espoir de remplir ton espace d'avenir.
J'ai besoin de ce partage pour sentir la vie,
Besoin de te voir bouger et te redonner envie.

Le partage se fera de ma main à ta main
Et mon sang ira jusqu'à ton coeur.
Ainsi, je sens ton trouble et tes dessins
Et peut-être serais-je une part de ton bonheur…

Je rêve de partager mes nuits
Et de te donner l'étoile de minuit.
Le ciel étoilé descendra sur terre,
Le ciel étoilé deviendra prière.

Comme un vaste chant,
Une nouvelle symphonie
Le prochain partage se fera instant,
Mais l'instant de toute une vie.

C'est comme si je te donnais mon temps…
Et mon temps c'est tout mon amour.
Alors, le partage sera vent
Alors, le partage sera jour.

Le partage sera un envol vers toi,
Je choisirais les oiseaux un par un
Ils seront fous, ils seront feu, ils seront loi.
Ils seront de moi à toi, le dessin.

Ma bonté 1

Elle me guide vers toi,
Elle m'apprend à te donner le fond de moi,
Elle m'apprend à prendre ton venin,
Vers une alchimie de rêves et de satin.

Ma bonté, c'est mon premier appel d'amour,
En vérité, c'est une promesse glamour.
Le plus beau cadeau, que je peux te faire :
C'est te parler toujours en poète et ne jamais te mentir.
Je te promets des mots, des sourires et des rires.

La bonté que je te propose
Est plus colorée que des roses.
Je t'offre ma présence
Le matin, le soir et retrouver l'enfance.
Dans un voyage :
Ton voyage.

Veux-tu le partager avec moi ?
Acceptes-tu de vivre un nouvel horizon ?
Ma bonté va vers toi
Comme un hiver sans frissons.

Je te donne l'horizon de ton voyage préféré,
Et je prends le poids de tes heures,

Ne sens-tu pas le vertige s'en aller ?
Je t'offre tout et cet ailleurs

Que ton coeur clame
Et réclame.
Ma bonté, c'est sentir ton coeur vibrer,
Espérer voir tes yeux briller.

Laisse-moi prendre ton venin
Et boire cette haine qui t'empoisonne :
Je veux te délivrer de ces matins
Où la mélancolie t'emprisonne.

Je veux chasser de toi tristesse et nostalgie
Je veux que tu oublies les dimanche d'ennui.

Laisse-moi être ton guérisseur,
Autorise-moi de ton âme les profondeurs.
Donne-moi cette clé qui pèse si lourd
A ton cou vif et ton coeur sourd.

Je suis là
Pour toi,
Les mains tendues,
Le coeur nu.

Ton rêve

D'où vient ton rêve ? De quel sommeil ?
Dans quel forêt fait-il merveille ?
Ai-je le droit d'y entrer ?
Je t'invite à m'en conter,
L'essence, la couleur et le parfum
Je t'invite à m'en conter,
Le fruit, la source et sa saveur sucrée.

Ton rêve est ton âme en liberté.
Ton rêve est le récit de tes secrets.
Je ne veux rien te voler,
Je veux juste t'aider à rêver.

Comme il est triste celui qui ne rêve plus…
Comme il est seul celui qui n'entend plus.

Comme je l'aime, celui qui tend les mains,
Comme j'entends la solitude et ton chagrin.

S'il te plaît, raconte-moi ton rêve, pour que j'y puisse aussi naviguer
S'il te plaît, oublie tes cauchemars, pour que je puisse aussi les effacer.

Le rêve de tes nuits, peut devenir le secret de mes jours.

S'il te plaît, laisse-moi être un peu de toi.
Laisse-moi agrandir ma vie et mes rêves, à mon tour.
S'il te plaît, laisse- moi te donner un peu de moi.

Et, si ton rêve par une nuit sublime, devenait mon rêve
Nos deux nuits se confondant dans le même songe ;
Alors, je pourrais te parler de façon longue et brève.

Ma bonté 2

Ma bonté n'a pas de pudeur,
Elle est pleine de cette chaleur
Qui fait voguer les vagues
Jusqu'au bout des vagues.

Viens sur mon voilier,
Viens t'embarquer,
Au pays de ma bonté,
Qui porte le nom que tu auras décidé.

Je te donne la liberté de choisir,
Je te propose à nouveau de rire.
Accepte mon cadeau, non pas comme une offrande,
Comme un simple geste et non comme une demande :
Je n'attends rien en retour
Juste un sourire et la grâce du jour.

Ma bonté frémit aux astres de feu,
Ma bonté frémit aux lueurs des cieux.
Et ta bonté a été pour moi, une source d'initiation,
J'ai appris à pononcer avec douceur les prénoms…

Et à regarder les gens droit dans les yeux,
A écouter les voix sans jamais leur dire adieu.
La bonté c'est reconnaître en l'autre son humanité,

Sa part de créativité, de divinité.

Ce que je te donne vient des horizons latents de mon âme,
Ce que tu perçois de mon territoire et de ma flamme.
Faite d'âme et de feu, ma bonté sait se faire silence,
Quand tu décores ton coeur de tes stances,
Alors, je te laisse avec toutes tes chances
Pour faire fructifier ton jardin
Dans le creux de nos mains.

Les yeux d'un enfant

Ils sont limpides comme l'eau
D'une source qui découvrirait le monde.
C'est la vie qui s'élève haut,
C'est un regard qui fait la ronde.
Si la source découvre le monde,
C'est qu'elle provient du tréfonds.
Des entrailles, celles qui fondent,
L'univers comme un oméga, comme un son.
Alors, celui qui boit à la source
Devient lui-même limpide
Et le monde se révèle, avec ses ressources.
Transparent, et plein : non vide.
Ce sont des yeux qui savent,
C'est un volcan qui plonge en lave.
C'est une connaissance de feu et d'eau
C'est une source qui ne devient pas sanglots.
Ils sont limpides comme l'eau,
Ils s'écoulent tels de simples flots.
Mais des flots qui portent en eux : un savoir,
Une vision pleine de rêves quand vient le soir.
Les yeux d'un enfant
Portent en eux, La source indélébile de l'instant,
Qui s'arrête et allume le feu.

Le feu du temps et du savoir

Réunis.
La source du soir
Qui devient ami.

L'inspiration

Elle se glisse comme de l'eau dans du bois,
Comme une épée dans un étang,
Comme un rêve dans ta joie,
Comme un brin de printemps... porté par le vent.

Elle vient ou elle est là tranquille et attends ta plume, ton trait
Elle est filigrane, ombre et soleil, parole cachée.
A toi de la cueillir
A toi de la sentir.

Il n'y a qu'à ouvrir les yeux de ton ancre marine
Et laisser le bateau, voguer sur l'océan de pages en pages.
Alors, dire ce que l'inspiration imagine
Pour toi, à de ta journée, tous les âges.

Car l'inspiration intemporelle n'a d'âge que celui que tu choisis
Au moment où tu écris.
L'inspiration n'appartient pas au temps
Elle n'est que liberté et éternels instants.

Elle est ce que j'ai de plus précieux
De plus mélancolique et de plus gai
Elle est le mot heureux,
Elle est le mot fraternité.

Je ne la prends pas
Et elle ne s'impose pas.
Elle est dans le fond de mes yeux,
Elle chante comme cet oiseau bleu.

Que tu perçois
Dans cet au-delà
Qu'est la poésie.

Il est là

Présence dans mon souvenir,
Il est là, comme un saphyr.

Même s'il n'a pas les yeux bleus,
Il a les yeux de l'océan.
Et je crois : je l'ai rendu heureux,
Je lui ai donné tout un temps
De chants
Et de pensées
Secrètes et cachées.

Il est venu avec sa simple clé
Et dans une magie toute vraie.
Je lui ai donné l'essence
Et l'approche de mon existence.

Il m'a ouvert les yeux,
Il m'a ouvert le coeur.
Il m'a fondue dans son feu,
Il m'a appris son malheur, son bonheur.

J'ai senti ses moments de joie,
Et j'ai vu la terre s'effondrer sous ses pas.
J'ai senti le fracas de son passé,
Et je l'ai vu pleurer.

Comment ne pas l'aimer ?
Comment ne pas chanter ?
Avec lui
Sans lui.

En pensant à lui.
Pas pour un jour,
Mais pour toujours…

Le choix des mots

Si je dis amour, tu réponds oui,
Si je dis toujours, tu réponds peut-être oui.

J'essaie de trouver les mots qui te colorent
Et qui rassemblent en toi, un réconfort.
Je vois des arpèges de couleur,
Danser sur des musiques dont la gamme n'est que fleurs.

Je vois des soleils et des nuits,
Des matins ensemencés de parole,
Des mots qui jailliraient de l'infini
Pour livrer un flot de mots sur l'Eole :

Le flot des mots dans le vent
La caresse du temps sur les pages.
Les mots qui voguent dans le temps
A la dérive des bateaux au clair voyage.

Je te dis oui,
Pour que tu me répondes oui.
Je te dis non,
Pour que tu répondes pardon.

Mais toujours en te remerciant
De choisir avec moi,

Le premier mot du commencement
Et de la fin qui dicte les Lois.

Parce que c'est toujours en s'en allant
Qu'on laisse sa trace dans le vent :
Je suis l'ultime mot
Je suis le mot : Bravo.

Il y a

Il y a le soleil et la pluie.
Il y a ton existence et il y a ma vie.
Il y a le chemin
Toi, dans le matin.

Ce jour là,
Il y aura :
A la fois, la nuit et le jour
A la fois, le premier et le dernier jour.

L'énergie
De cette vie.

Il y a ma mémoire
Au fond de nos histoires :
La part de moi en toi,
La part de toi en moi.

Et il y a les mensonges,
Des hommes qui n'ont plus de songes.
Mais il y aura toujours les mots du poète
Les mots que l'on aime et ceux que l'on regrette.

Les mots que l'on chante
Les mots que l'on invente.

Il y a la mémoire de mes yeux
Il y a la mémoire de mon coeur.
Il y a les jours très heureux
Les jours de gloire et de coeur ;

Où la vie recommence à discuter
Avec charme et élégance
De toute une éternité
Et de ce parfum, de cette fragrance.
Ce parfum qui enveloppe les jours passés.
Avec ses nuits toutes bleutées.

Le bois des lions

Rose et rouge plein d'ardeur
Il y a ces fauves et ces couleurs…
Dans le bois des lions
J'ai perdu ma raison.

Mais je l'ai retrouvée bien vite
Toujours dans le bois des lions.
Dans le bois des lions,
Il y a des courants d'eau qui précipitent

La douleur, dans une joie immense
Et l' achemine vers la rivière
Belle, centrale et intense
Où les eaux fondent en prière.

Le bois des lions, rose et rouge plein d'ardeur,
Est une rivière et une prière en choeur.
Ce qu'il y a d'extraordinaire,
C'est la couleur de la terre.

Une terre sauvage et orchestrée
Parmi une musique silencieuse et balancée
D'arbres, de couleurs, de parfums dans une joie
Pour monter vers les cieux et un au-delà ;

Où la nature finalement
Ne serait qu'un chant.

Et le lion a ce chant,
Qui jaillit depuis le fond des temps.

Le printemps n'a jamais été aussi beau

Le printemps n'a jamais été aussi beau
Que lorsque les hommes ont compris
Le sens de la vie
Et le crier fort et haut.

C'est un printemps
Peu fréquent.
Celui-ci a des images
D'une vie neuve et sauvage.

A la fois, mais c'est un printemps surtout
Qui offre un savoir,
Une vision du monde et de l'histoire
Qui surprend tout à coup.

Le sens de la vie
Pourtant propre à chacun,
Apparaît magistral et commun
Il délégue les clefs pour sortir de cette nuit.

Cette nuit hivernale,
Vers ce printemps idéal.
Qui fait appel au respect,
La dignité de la pensée.

Qui est en un mot,
Synonyme d'espoir,
Et encourage à faire le saut
Pour s'échapper du desespoir.

C'est un printemps dans tout son éclat.
C'est un printemps qu'on n'oublie pas.
Et qu'on n'oubliera jamais.
Qui a rendu son âme à la liberté.

C'est un printemps qui a crié
Son appel à la fraternité.

Du fond du soleil
Du fond des mers.
Un cri sans pareil,
Un cri pour et par la terre.

Le printemps n'a jamais été aussi beau
Qu'au jour où ce bateau
Ce bateau de la paix
A posé le mot Liberté.

De la fraternité
A l'égalité
L'Homme a crié son nom,

Humain, vivant.
Dans ce printemps.

Sortir du néant

C'est comme aimer un enfant.
C'est accepter de rejoindre la clarté.
C'est entendre ce chant,
Qui vient de l'illimité.

Car pour combler le néant,
Nul besoin de géant.
Juste besoin d'entendre les pas
Des alfes blancs dans les fissures et les éclats.

De cette montagne qui berce le gouffre
Qui vous éloigne du souffre.
Et vous rapproche de l'élément Vie.
Le néant c'est l'autre infini.

Sortir du néant, c'est jaillir du vide infini
Pour rejoindre à l'instar le plein qui s'offre à toi
Sortir du néant, c'est s'éloigner de l'issue sans voix,
C'est s'échapper de la prison où j'ai tant gémi.

Oui je m'échapperai de cette prison
Que je vous nomme : néant.
J'irai au-delà des pâles néons
J'irai dans ces pays si grands.

Que l'infini trouvera sa place,
Et dans lequel je pourrai me confondre.
Comme dans un miroir, dans une glace,
J'aurai fini de me morfondre.

Car j'aurai trouver
Une terre d'accueil
Un pays où je renaîtrai,
Une terre de vie et de paix.

Si le néant n'aime pas la paix,
La plénitude,
Elle aime la quiétude.
Cependant le néant a lui aussi son éternité.

Ainsi, il existerait plusieurs néants ?
Plusieurs infinis.
Le néant c'est la mort et l'absence de vie.
Une éternité sans soleil et être présents.

Je sors du néant,
Je vais vers le soleil et les gens.
Je gravis l'échelle du temps,
Je monte vers le firmament.

Du portail de l'humanité.

Choisir le chemin

Il y a la vaste terre
Et les chemins à travers.
Il y a les vastes chemins
Et les champs et les sentiers de cette terre où je me maintiens.

Je me maintiens debout à l'orée du chemin
Et je choisis parmi cet infini de voix,
Celle qui me conduira vers mon lendemain,
Car j'ai un lendemain, comme toi.

Dans ce chemin, il me faudra choisir
Décider de la façon dont je veux mourir ;
Et surtout vivre
Dans ce vent de vie ivre ;

Et si je choisis,
Je remercie la vie.
Ce chemin est bien caché,
Il est fait pour ma liberté.

Ce chemin m'attends,
A moi de le chercher,
De le trouver
Parmi les sentiers brûlants.

Je n'irai pas me sacrifier
Je choisirai le chemin, celui qui m'attendrait
Si je prononce son nom.
Mais quel chemin et quel nom ?

Pour choisir le chemin,
Pour trouver son nom.
Je dois marcher tout le matin,
Et les lettres du nom sont gravées à son horizon.

Alors je n'aurai qu'à observer
Ce vaste espace d'éternité
Qui s'offre à moi et dans lequel
Le nom du chemin est inscrit dans le ciel.

Descendre la colline

En bas de la colline, il y a la mer
Au-dessus de ces flots, il y a les airs.

Si je descends la colline,
Je trouverai la fin du jour sanguine.
Et ces échappées rouges sur l'océan
Ces vagues de feu et de diamant.

Si je descends la colline, je verrai le monde
Avec le regard plein des cieux que j'aurai visité.
Ces cieux sont pleins d'étoiles qui font la ronde,
Et qui n'existent que parce que je leur ai parlé.

J'ai donné l'existence à mes étoiles
Et j'admire le peintre qui sur sa toile
A su placer les couleurs d'en haut et d'en bas.
Dans un vertige créateur que je retrouve en toi.

Descendre la colline, c'est atteindre les retrouvailles
Avec le blé, toi et les semailles.
De vastes champs bordent la terre
Et les contrées du bord de mer.

Descendre la colline, c'est d'abord l'avoir gravie,
L'avoir pracourue d'une foulée hardie,

Pleine de courage et d'énergie,
Descendre la colline, c'est avoir compris

Que l'ascension devient comme un trésor
De même que la descente.
Dans cette colline, je deviens chercheur d'or.
Et je peux deviner toutes les étapes différentes,

Que la colline offrent avec ses strates,
D'abord les couleurs disparates,
Ensuite le feu dans les hauteurs,
Et les vallées à mi-chemin.
Descendre la colline, c'est chercher sa peur
Pour l'extraire au-delà de tout chagrin.

Descendre la colline, c'est oublier
Oublier qu'on a souffert
Là haut dans les sommets,
Et qu'un jour le ciel s'est ouvert.

  La colline, c'est l'ouverture du ciel,
  En bas de la colline, c'est la permanence du réel.

  A toi, de choisir ta route.

La route qui longe la mer
Est tapissée de pins
Et d'odeurs des fleurs.
La route qui longe la mer se poursuit au loin.
L'étonnement est qu'elle se modifie à toute heure.

Le matin, elle est pleine de gazouillis
Et elle te propose beaucoup d'envies.
Quand vient midi l'éclat se fait chaud
Et te propose alors tous ses mots.

Enfin, quand vient le soir
La route qui longe la mer,
Devient mystère et espoir
Car le soir est sujet de la terre.

Et cette terre, cette route, porte en elle,
Les questions provenant
De la mer, de l'océan,
Des mystères, il y en a kyrielle.

Car la mer vient de loin
Et la route suit son chemin.
Au doux paysage marin
Qui devient réponse à tes points
…

D'interrogation.
La route qui longe la mer,
Ne souffre d'aucun abandon,
La route qui longe la mer.

Vient du fin fond d'une présence
De la nature, de la tendresse et de l'amour.
Elle irradie toutes ses instances
Dans la lumière d'un jour.

La route qui longe la mer
Devient réponse
Elle trace la terre,
Elle donne une ronce.

Puis elle donne une rose.

L'amour du poète

Le poète par essence aime la Vie,
Et il dit toujours oui.
Il ne sait dire que ce qu'il sent,
La sensation du monde environnant.

L'amour du poète
Ne s'achète
Pas.
Il donne ce qu'il reçoit.

Ainsi l'on peut parler d'un échange salutaire,
Du lecteur au poète,
Chacun donne sa prière.
Et en fait une fête.

Le poète aime l'humanité
Il est aussi un gardien de la vérité.
De ce temple sacré,
Il garde les piliers.

Le poète est en filigrane avec le caché,
Dans son langage, se révèle le vrai,
Mais ô parfois, quelle souffrance
De sentir aussi la malchance

De l'humain.

Le poète parle à l'humain,
Le poète parle du matin
Jusqu'au soir,
Il chante dans le miroir

Que lui tend son frère,
Il lui tend son éphémère
Et le capture dans son éternité
Pour ne rien oublier.

Le poète n'oublie rien,
Il entend, il se souvient
De tout, de chaque heure de son existence,
Il vit toujours à sa souvenance.

Si le poète n'avait pas de mémoire,
Il n'aurait pas d'amour.
Il se donne dans son être quand vient le soir,
Il écrit les mots qui honore le jour.

S'il s'agit de l'aurore,
Il pleurera encore,
Comme ces gouttes de rosée.
Sur la mer ennivrée.

L'amour du poète est comparable à cet horizon,
Qui borde la terre
Qui borde la mer.
Et le poète sait entendre la chanson

Du vieil homme qui sait tel un sage,
Que le poète n'annonce que les présages.
Qui sont utiles à l'homme qui a peur
Et qui souffre dans sa demeure.

L'amour du poète est essentiel à l'univers
Il est le fardeau que l'on pose,
Il connaît le mystère,
Avant même que l'on ne lui propose.

Il est la larme que l'on efface,
Il est le sourire qui la remplace.

Et il est heureux, même s'il est …
Toujours seul.
Alors, il parcourt le monde
Et le monde lui parle du bleu
Il n'attends pas qu'on lui réponde
Même s' il dit qu'il est heureux.

La vision de l'étoile

On peut voir l'étoile dans le ciel,
De jour comme de nuit.
Elle scintille dans l'irréel ;
Le matin, à midi, à minuit.

Elle reçoit le regard de l'homme qui veut,
Et l'aube et la tombée de la nuit.
Elle chante aux astres fous et désireux,
De connaître des hommes, une certaine vie.

La vision de l'étoile est permise à chacun
Ceux qui ont encore la vision d'un lointain
Et qui reconnaissent l'étoile, car ils l'ont déjà vue
Alors, il parlent au firmament, de leurs voix nues.

Le poète a l'étoile,
Gravé dans son ciel.
Comme le peintre a la toile
Posée tout en haut de l'échelle.

C'est donc dans les hauteurs
Que se trouvent tous les bonheurs,
Du poète visionnaire.
Mais il perçoit aussi les affres du malheur,
Et il sait les faire taire.

Il s'endort chaque soir avec la vision de l'étoile
Et il n'a plus mal.

L'arbre aux songes

Tranquille dans son jardin,
Il donne ses fruits chaque année.
Gorgé de soleil et d'un vent de lendemain,
Il prodigue avec amour sa fertilité.

Parfois il s'endort la nuit et laisse planer
Les songes avec les champs célestes,
Ses songes sont doux comme le blé
Et le bon pain du matin reste.

Alors on l'appelle l'arbre aux songes.
Il sait mélanger la nuit au jour,
Il sait faire taire tout ce qui ronge
L'écorce sait se faire douce et amour.

Il partage les nuits avec les rêves du vent
Et chante aux sommets de tous les firmaments.
Planté dans le sol, il recueille les fruits du tréfonds,
Et élance dans les cieux ses rêves et chansons.

Cet arbre, c'est la transmission
Du sol au ciel et de leurs chansons.
Les songes, sont aussi présents
Dans le vent.

Ils dispersent des feuilles d'or, à ses pieds
Tel un cadeau bouleversant
Et chaque matin, c'est la lumière de l'été,
Qui s'offre à l'est et à l'ouest du soleil levant.

Et c'est dans cette lumière que les songes apparaissent.
Ni feu, ni déesses
Juste la clarté de la lumière :
Etoiles ou soleil éclairent la même terre.
Et c'est sur cette terre
Que l'arbre aux songes éblouis,
Pose ses mystères
Et ses moments de vie.

La lumière incertaine

On ne sait d'où elle vient,
On ne sait où elle va.
Ce qui est certain,
C'est qu'elle est là.

On peut la deviner,
On peut la sentir et l'espérer :
Elle prodigue des rais de clarté,
Elle est source de vie et d'humanité.

Elle inonde l'espace,
Elle occulte l'ombre tenace,
Mais elle peut disparaître soudainement
Comme la promesse ingrate d'un diamant.

La lumière incertaine, c'est aussi
Ce que je cherche dans ton regard.
Ce que je devine et pressens parmi
Tous les moments de tes histoires.

La lumière incertaine, c'est aussi
Celle que je cherche le matin dans tes yeux.
La lumière devient certaine à chaque saut de vie.
Celle que je perçois à chaque fois que tu veux.

Eclairer la chambre ocre et fluide
D'un mouvement vif et rapide
Qui va du premier trait
Aux derniers jets.

Comme un mouvement pictural,
Plongé dans une lumière idéale.
La lumière tout à coup se fait arc-en-ciel,
Elle gravite sur les journées de celle…

Où la lumière incertaine
Devient certaine
Et bleue marine,
Comme une aube cristalline.

C'est une incertitude éphémère
Car quand vient la nuit,
La lumière se fait taire,
Et doit attendre le matin qui suit.

Dans les ravins, elle plonge
Et explore avec toi
Les sentiers de tes songes,
Elle éclaire pour toi.

Tes moments d'incertitudes,

Inquiétude et solitude.
Elle est ton amie, mais incertaine
Certes, en tout cas, vide de toute haine.

La pluie sur les carreaux

C'est un matin, et il fait beau
Il faut de la patience pour espérer de l'eau.
Car ce n'est pas à toutes les saisons,
Que la pluie viendra caresser ta maison.

Et puis, un jour, elle arrive transparante
Sur les vitres de ton bureau
Alors, tu l'écoutes quand elle chante
Et tu l'attends pour voir son eau.

Elle parle une langue secrète,
Elle te dit et répéte :
Je suis là
Ecoute-moi.

Quelle solitude éprouve-t'elle ?
Celle qui vient du ciel...
Oui, les cieux sont toujours solitaires
Et la pluie est une certaine prière.

De la gamme du piano,
Aux secrets du credo.
Tu l'entends dans un duo
D'orage qui fracasse l'eau.

Mais elle sait se faire douce,
Quand la tourmente est passée.
Alors tout autour, les fleurs poussent,
Et la pluie se fait source d'été.

Mais quand elle s'écoule devant toi,
Elle t'hypnotise comme le regard d'un chat.
Elle est belle et solitaire,
Comme une femme en prières.

C'est alors que ton bureau se met à vibrer
De mots et de silence mélangés.
Paroles venues de l'océan.
Les carreaux deviennent blancs.

De cristaux en étoiles à ta fenêtre,
Et même si tu voulais voir tout disparaître ;
Il resterait cette eau victorieuse,
Permanente et silencieuse.

La peur et la joie

Elles sont frères et soeurs,
Elles sont soumises à certaines lois.
Contradictoires par bonheur.
Tu ne peux que les subir avec joie.

Mais tout d'abord la peur :
Quand tu la maîtrises, quel bonheur !
Et quand elle s'en va
Vient la joie.

La joie, c'est d'abord un sourire
Ensuite, abhorre un éclat de rire.
C'est un sentiment,
Surprenant.

L'une peut venir après l'autre,
A n'importe quel instant.
C'est une solitude qui à d'autres
S'échappent par moments.

Tu as beau courir,
Tu as beau fuir.
Elle te rattrape toujours
Au petit soir, au petit jour.

La peur et la joie
Peuvent se poser là.
Elles apparaîssent vêtues de gloire
Et toutes deux parlent avec l'espoir.

Lorsque tu as peur,
Tu attends l'espoir.
Tu attends le bonheur.
Ce sont des voix qui viennent dans le soir.

C'est le langage de la vie
La vie est faite de peur et de joie,
De mots amis,
Parfois de cris.

Et dans cette symbiose
Deux contradictions se proposent
Car la peur n'aime pas la joie.
Et la joie se fie de la peur sans lois.

Oublier sa voix

Tu l'entends ,
Elle te surprends.

Elle chante faux,
Elle parle mal,
Elle fait mal aux oiseaux.
Sa voix descend vers un graal.

Qui réconcilierait sa voix à la tienne
Cette coupe viderait la haine.
Qu'elle porte à ton coeur
Malheureusement son coeur n'est que peur.

Donc ne peut atteindre la coupe sacrée.
Alors tu entends son poison,
Mais tu peux ouir d'autres paroles moins ciselées,
Comme cette glace qui déforme tes chansons.

N'oublie jamais, combien ces chansons sont belles,
Et combien, elles sont heureuses d'être tiennes.
Alors saisis les notes, les mélopées, les incandescences irréelles
Car elles brillent d'un feu chantant sur ta scène.
C'est ta vie,
C'est ta mélodie.

Tu peux oublier
Les sons étrangers ;

A l'humanité que tu espères
Alors, pour l'accompagner, tu chantes le soir,
Et tu colores les déserts,
De ta voix et de tes miroirs.

C'est ainsi que tu deviens
L'unique auditeur de ta symphonie
Et que tu peux oublier sa voix
Et garder ta mélodie
Au fond de toi.

Ton parcours

Où que tu sois,
Je suis près de toi.
J'entends tes questions,
Et toujours je te réponds.

Mon regard te suit le long de ton parcours
Et j'écarte les roches sans détour.
La route devient claire
Le ciel ne cesse de se taire.

Oui, moi et le ciel sommes au service de ta mémoire
A l'avant-garde de tes prochains départs.
Ensemble, nous te parcourrons
Dans une volonté qui porte ton nom.

Ton parcours est aussi celui que je veux,
Il est à mi-chemin de nous deux.
Si je t'écoute, je peux te rejoindre,
Sentir tout à coup l'espoir se joindre à nous.

Sur ton parcours il y aura des fleurs et du vent,
Mais un vent chaud et doux,
En provenance du grand océan.
Un vent qui te raconte des instants fous.

Que la passion soit !
Que l'amour te délivre ses lois.
Le soleil plein d'artifices et de joie
Une vie, en fait pleine d'éclats.

Comme un astre tu brilleras,
Et tu chaufferas la vie autour de toi.
Il y aura des étoiles et des murmures,
Et petit à petit disparaîtra l'obscur.

Ton parcours est comme une plage,
Et moi, je suis l'océan
Qui dévisage
Chacun de tes mouvements.

Le soleil de là-bas

Là-bas,
C'est un pays que tu ne connais pas.
Il y fait chaud,
Il y fait beau.

Et pourtant c'est la guerre,
Tu sais : cette horreur inventée par les hommes.
Il n'y a rien à y faire
Depuis l'histoire de la pomme.

La mort voudrait bien y régner
Mais le soleil de là-bas darde ses rayons.
Ainsi bien que le combat soit acharné,
Règne l'espoir en chansons.

Car ce soleil chante
Au-dessus de la mer qui présente
Les blessures d'hier
Et le présage du jour et de sa guerre.

L'ennemi pourra tout tenter
Le soleil de là-bas, c'est comme la victoire
Pour l'éternité.
La mer : source de l'histoire,
Le soleil de là-bas ne s'éteint pas,

Car c'est un soleil aux couleurs
Plus pénétrantes que le glas.
Les couleurs d'une certaine douleur.

Le passé à la surface de la mer
Promet la victoire sur la guerre.

Le soleil de là-bas est pourtant très doux,
Mais hostile à ce qui n'est pas humain,
Or la guerre, qu'elle quelle soit
N'est pas dans la nature humaine.
L'homme dans sa bonté est roi,
Et a pour talon d'Achille : la haine.

Le soleil de là-bas est fait pour l'Humanité,
Et se veut être portail sans clés,
Et les colonnes d'Hercule, depuis l'Antiquité
En seraient peut-être les piliers.

L'ascension contre la décadence

Je monte l'escalier de la chance,
Je gravis les marches de l'espérance.
Et je sais que bientôt je ferais face à la décadence.
C'est ainsi, que j'aiguiserai ma patience.

Impatiente, comme la pluie
Il me faudra lutter contre mon ennemi.
Celui-ci se nomme naiveté
Mais il faut aussi l'appeller qualité.

La naiveté est une proie pour la décadence
C'est pourquoi il faut aller chercher la patience.
Une vertu qui s'apprend à force d'espérer
Une vertu qui s'apprend aux initiés.

Et qui se découvre de jour en jour
Plus forte,
Et qui te rapproche de l'amour
Dans son escorte.

Cette escorte se renforce avec le temps
Et fait le premier pas contre la décadence,
Tu peux gagner souvent,
Tu peux prendre le temps de l'errance.

Car un jour c'est certain
Tu trouveras le chemin
De la patience et du foyer.
Le chemin qui t'est destiné.

Nulle peur de la décadence
Sur le chemin de la victoire.
C'est la patience
Qui vient avec le soir.

Et au prochain matin,
Elle sera toujours là,
Et la décadence dès lors s'en ira
Vers d'autres chagrins.

C'est l'ascension contre la déchéance.

Le premier pas

Dans n'importe quelle histoire,
Il est le plus difficile à faire
Savoir franchir le miroir
De l'autre : découvrir sa terre.

Certaines personnes marchent vers toi,
D'autres courent vers toi.
Tu es le but à atteindre,
La finalité à rejoindre.

La distance à parcourir n'a pas d'importance,
Le chemin que tu empreintes est selon ton souhait.
Le premier pas c'est ton désir, ton abondance,
De rêves, et le chemin est selon le hasard ou la vérité.

Le hasard peut-il être une vérité ?
Le hasard ne fluctufie-t'il pas dans le vent ?
Le premier pas est dans le vent,
Et s'envole vers ta vérité.

Le premier pas est comme un cygne
C'est le plus beau de tous les signes,
Que tu peux faire à son miroir,
Pour qu'il t'accorde la découverte de son désespoir.

Le premier pas, c'est un pas vers son intimité
Franchir l'obstacle de l'apparence,
Trouver la toute petite clé,
Celle qui ouvre le choix de tes espérances.

Aussi si je peux t'aider à l'ouvrir,
Et par là même t'aider à découvrir.
Le premier pas n'aura été que pour toi.

La découverte de ta sensibilité
La sensation de plonger dans ton océan intérieur
Et d'y découvrir les merveilles de ton coeur.

Seras-tu le feu ?
Seras-tu l'eau ?
Je suis venue dans le bleu
De ce sourire si beau.

Le premier pas, je l'ai fait sans peur
Et le miroir a caressé tes lueurs.

Au bout du quai

Tu m'attendais,
Pas de fleurs,
Mais, oui mais
J'entendais la cascade de ton coeur,

Elle roulait en frémissements,
Elle prononçait mon prénom
Et je me voyais dans le feu de nos premiers instants
Tu disais des mots qui ne s'en vont.

Pas, au bout du quai.
Tu étais là,
Comme un simple sourire
Qui ne saurait mentir.

Malgré le temps,
Et nos écarts.
Je n'oublierai pas ce train qui a traversé les champs
Pour venir là ce soir.

Ma mémoire

N'a aucune couleur,
Elle est libre et se veut sans peur.
Ma mémoire s'allume dans la soirée.
Et envole mes rêves vers sa liberté.

Je me souviens de la chaleur et de l'océan
Je me souviens des paroles enlassées dans le vent.
C'était la plus grande liberté.
Ma mémoire aime se rappeler.

C'est une joie,
C'est un soir de rois ;
Où brillent les plus beaux souvenirs,
Et qui se prolongent jusque vers mon avenir.

Ma mémoire se sent bien dans cette vie,
Qui commence aujord'hui.
Car je l'écoute et prends soin
De respecter toujours les mains,

Qu'elle me tends
Pour apaiser mes sommeils,
Alors je me surprends
A écouter ses merveilles.

Et il n'y a plus d'inquiétudes.
Même si la vie se veut rude,
Ma mémoire chante en mon souvenir
Certes, elle n'est pas faite que de sourires.

Ma mémoire parfois pleure,
Alors je coure dans un temps que j'ai choisi.
Pour retrouver un certain bonheur
Et une liberté qui prodigue de l'énergie.

Pour que jamais la mémoire ne disparaisse.
Ma mémoire n'est pas seulement caresse,
Elle est aussi souffrance,
Mais c'est en fait une chance.

Qui fait de moi un être humain,
Un être qui se souvient.

Pour ne rien oublier

J'ai choisi le prochain été,
Celui qui longe la côte insulaire
J'ai choisi le prochain hiver
Celui qui coure et givre les cristaux enneigés.

Pour ne rien oublier,
J'ai choisi d'écrire du bleu dans les matinées.

En plongeant ma plume dans la chaleur de l'été
Ou dans le froid de l'hiver.
Partout je suis allée,
Dans la nuit sombre et claire.

Pour ne rien oublier
J'ai bien rangé tous les papiers.
Ecrits dans la mémoire,
Ecrits dans mon histoire.

Ma mémoire
Me raconte souvent la même histoire.
Une histoire de promesses et de chances
Et de cette fugace distance.

Qu'il y a
Entre toi et moi.

Quand aurais-je le courage de vouloir recommencer
A te pardonner ?

Car je n'ai rien oublié.

Merci

Merci à tous ces gens qui font partie de ma mémoire
Et à tous ceux qui feront mon histoire.
Ma mémoire et mon histoire se conjuguent ensemble.
Il n' y a que l'au-delà face auquel je tremble.

Merci à mes disparus d'avoir été
Près de moi
Et de m'avoir enseigné.
Une partie connue de leur lois.

Merci à mes amis
De m'avoir encouragée
Sur le chemin de la vie.
Qui m'a fait connaître l'amitié.

Enfin et surtout, merci à l'amour
Qui rassemble les jours,
Dans une panacée de printemps.
Merci à tout ce temps.

Table des matières.

Je n'oublie rien	7
C'est à la fois la nuit et le soleil	9
Les anges	12
La peur du froid	14
Je choisis de rester	16
Il faudra bien	18
Le prochain partage	20
Ma bonté 1	22
Ton rêve	24
Ma bonté 2	26
Les yeux d'un enfant	28
L'inspiration	30
Il est là	32
Le choix des mots	34
Il y a	36
Le bois des lions	38
Le printemps n'a jamais été aussi beau	40
Sortir du néant	43
Choisir le chemin	45
Descendre la colline	47
La route qui longe la mer	49
L'amour du poète	51
La vision de l'étoile	54
L'arbre aux songes	56
La lumière incertaine	58
La pluie sur les carreaux	61
La peur et la joie	63
Oublier sa voix	65
Ton parcours	67
Le soleil de là-bas	69
L'ascension contre la décadence	71
Le premier pas	73
Au bout du quai	75

Ma mémoire 76
Pour ne rien oublier 78
Merci 80